Mein Rauhnächte Workbook

20...

Bildnachweis

Unsplash: Aaron Burden, Chirag Nayak, Donnie Rosie, Alison Marras, Annie Spratt, Julian Hochgesang
S.4 / 115 ©Finn stock / Shutterstock; S.61 ©Photo Spirit / Shutterstock; S.67 ©Oxie99 / Shutterstock; S.79 ©Scisetti Alfio / Shutterstock; S.85 ©FooTToo / Shutterstock; S.91 ©phouy / Shutterstock; S.97 ©lewalp / Shutterstock; S.104 ©Zvonimir Atletic / Shutterstock; Alle weiteren Fotos sind von der Autorin erstellt.

Impressum

© 2021 Kampenwand Verlag
Raiffeisenstr. 4 · D-83377 Vachendorf
www.kampenwand-verlag.de

ISBN: 978-3-947738-17-5

Versand & Vertrieb durch Nova MD GmbH
www.novamd.de · bestellung@novamd.de · +49 (0) 861 166 17 27

Text: Annett Hering
Druck: FINIDR, s.r.o. · Lípová 1965 · 737 01 Český Těšín

....

Meine
Rauhnachts-
Gedanken

Im Fluss der Zeiten

ANNETT HERING

Inhaltsverzeichnis

Vorwort

Vor 15 Jahren begann ich, mein Wissen zu den Rauhnächten zusammenzutragen. Auf meinem Blog „Im Fluss der Zeiten" schrieb ich über die überlieferten Rauhnachts-Rituale und verband sie mit den Fragen der heutigen Zeit. Vor zwei Jahren fand all dieses Wissen und die Erfahrungen meiner Blogleser Einzug in das Rauhnächte-Workbook „Die Rauhnächte – Im Fluss der Zeiten". Nie hätte ich mir träumen lassen, wieviel positive Resonanz dies hervorruft und welch Freude, Kraft und Erkenntnisse die Leser daraus ziehen.

Dieses Büchlein ist aus den zahlreichen Rückmeldungen entstanden. Sein Fokus liegt auf dem Raum für deine persönlichen Notizen. Du findest zusätzlich die wichtigsten Informationen zu den einzelnen Rauhnächten, Hinweise zum Räucherwerk und Edelstein der Rauhnacht und ein tägliches Kurzritual. Das Büchlein kann als eigenständiges Werk und unabhängig von meinem Rauhnächte-Workbook genutzt werden. Wenn du gerade beginnst, dich mit der magischen Energie der Rauhnächte zu verbinden, wird dir dieses Buch einen wertvollen Einstieg in das Thema geben und du kannst direkt zu den einzelnen Rauhnächten deine Gedanken notieren. Wenn du mit den Energien dieser besonderen Zeit im Jahr bereits vertraut bist, kann dich das Buch inspirieren, noch intensiver in diese Erfahrungen einzutauchen. Einige Leser haben sich dieses Büchlein als jährliche Ergänzung zu ihrer Arbeit mit dem Rauhnächte-Workbook gewünscht.

Wie auch immer dein Zugang zu dieser Zeit ist, ich wünsche dir magische Momente, wunderbare Erkenntnisse und möge dieses Büchlein dir eine tägliche Rauhnachts-Freude sein.

Arndt Hening

Vorbereitung und Einstimmung

Die Rauhnächte sind die 12 Tage und Nächte zwischen Weihnachten und dem Dreikönigstag und gelten seit jeher als heilige Zeit. Diese zwölf Tage und Nächte stehen symbolisch für die zwölf Monate im neuen Jahr und sind mit verschiedenen Themen, die das alte Jahr abschließen und eine Grundlage für das neue Jahr bilden, verbunden. Sie sagen die Ereignisse im jeweils zugeordneten Monat vorher, deshalb werden sie auch „Losnächte" (Losen = vorhersagen) genannt.

Die Rauhnächte beginnen am 24. Dezember abends mit Einbruch der Dunkelheit. Eine Rauhnacht dauert immer 24 Stunden. D.h. am 25. Dezember abends beginnt die 2. Rauhnacht und geht am 26. Dezember abends in die 3. Rauhnacht über.
In anderen Überlieferungen beginnen die Rauhnächte bereits am Tag der Wintersonnenwende - am 21. Dezember. Hier darf jeder seiner Tradition folgen.

Den Ursprung des Begriffes „Rauhnächte" sieht man in „rauh" (wild), ebenso in „rouch" was soviel wie „Räuchern" bedeutet und im mittelhochdeutschen Wort „rûch" (haarig, pelzig)... damit ist das Aussehen der Dämonen gemeint, die zu dieser Zeit ihr Unwesen treiben.

Die Rauhnächte haben ihre Wurzeln in der keltischen und germanischen Tradition. Das Wissen um das Besondere dieser Zeit, ihre Magie und Geheimnisse ist bis heute gelebte Tradition. Früher stand die Abwehr von Geistern und Dämonen und eine Verbindung mit den Geistwesen, Göttern und Mächten der Natur im Vordergrund. Heute wird mit den Rauhnächten die Sehnsucht nach Ruhe, Besinnung, Innenschau und Neuausrichtung verbunden. Es sind zwölf Tage, die aus der Zeit fallen. Sie entstanden aus der unterschiedlichen Dauer des Mondjahres (354 Tage) und des Sonnenjahres (365 Tage). Um diese Differenz auszugleichen, fügten die Kelten 11 Schalttage (und damit 12 Nächte) ein, die zur „anderen Welt" offenstehen.
Die Zeit „zwischen den Jahren" ist hervorragend geeignet, einen Blick in die Zukunft zu werfen, Prognosen zu stellen und mit den Naturgeistern in Kontakt zu treten. Durch einen bewussten Umgang mit den Rauhnächten hast du die

Möglichkeit, dein kommendes Jahr aktiv zu beeinflussen und in deinem Sinne mitzugestalten.

Wir leben in einer Zeit des schnellen Wandels. Dabei suchen wir Kraft in den Wurzeln und die Kreise schließen sich. Die Magie, welche diese Zeit ausstrahlt, lädt ein, diese 12 Tage für sich selbst zu zelebrieren. Das Außergewöhnliche dieser Zeit hängt nicht unbedingt mit religiösen Riten und Gebräuchen zusammen, denn es ist ein kosmisches Naturereignis und wiederholt sich Jahr für Jahr, unabhängig von spirituellen Trends.
Die Rauhnächte bieten uns einen Zugang in eine Welt voller Magie, die jenseits des Alltags liegt. Wohin uns diese Reise führt, ist allein unsere Entscheidung. Wir können diese Zeit nutzen, um einfach etwas zur Ruhe zu kommen, Zeit für andere zu haben, der Stille und Besinnung etwas mehr Raum in unserem Leben geben oder eine tief reichende, innere Verwandlung anstreben, an deren Ende ein wirklicher Neubeginn steht.

Keiner dieser 12 Tage gleicht dem anderen. Jeder hat eine andere Botschaft, ein eigenes „Thema". Wenn wir innehalten, uns öffnen und hineinfühlen in diese eigene Zeitqualität, können wir Botschaften für die kommenden zwölf Monate empfangen und uns mental auf die anstehenden Herausforderungen und Chancen vorbereiten. Die Rauhnächte sind eine Zeit für die Seele, in der wir uns neu orientieren und dabei wieder zu uns selbst finden... wenn wir uns denn darauf einlassen können und wollen.

Man sagt den Begegnungen in der Zeit der Rauhnächte magische Bedeutung zu. Schau, wer deine Wege kreuzt, wem du wiederbegegnest und wen du kennenlernst. Diese Menschen werden in deiner nahen Zukunft eine nicht unwesentliche Rolle spielen. Achte in dieser Zeit besonders auch auf deine Träume, denn man sagt, dass diese Träume im jeweils dazugehörigen Monat in Erfüllung gehen bzw. Hinweise geben, was passieren kann.

Wie du dich auch entscheidest, diese Zeit zu leben, der Zauber der Rauhnächte ist nur mit dem Herzen und nie mit dem Kopf zu entdecken.

Die Reise beginnt, wie jede Reise, indem wir uns vorbereiten und dann die Tür hinter uns abschließen. Dann werden wir still und orientieren uns. Wir öffnen uns für Neues und entdecken unbekannte Gefilde in uns selber. Mit diesen neuen Wahrnehmungen bestimmen wir dann unsere Herzensziele. Um diese zu erreichen, müssen wir noch etwas alten Ballast abwerfen, der uns den Aufstieg zu neuen Gipfeln erschwert. Letztendlich begrüßt uns der Neubeginn – und wir begrüßen ein neues Jahr voller freudiger Herausforderungen.

Um in dieser Zeit wirklich zur Ruhe kommen zu können und diese spannende Reise zu dir selbst anzutreten, solltest du entsprechende Voraussetzungen schaffen. Diese beginnen in der bewussten Organisation freier Zeit für dich selbst... so ganz ohne schlechtes Gewissen! Und besorge dir gleich noch ein Türschild mit der Aufschrift „Bitte nicht stören"!

Auch wenn die Vorweihnachtszeit voll mit Verpflichtungen und Besorgungen ist, versuche dich in der Adventszeit schon langsam auf die bevorstehende Phase der Rauhnächte einzustimmen. Die Sehnsucht nach der Besinnung in dieser eigentlich besinnlichen Zeit ist groß. Schaffe dir bewusst Freiräume in der Weihnachtszeit. Geh in die Natur und spüre die Qualität der Stille. Stimme dich auf die Rauhnächte ein, indem du das Jahr im Innen und Außen zu einem guten Ende führst.
Die Zeit der Rauhnächte ist eine innere Reise zu dir selbst. Jeder findet in wwdieser Zeit seinen ganz individuellen Weg. Nichts muss... alles kann...

In diesem Sinne: Nimm dir die Zeit für dich und beginne! Lass dein eigenes Ritual entstehen, welches von Tag zu Tag und von Jahr zu Jahr wachsen und sich entwickeln darf!

-> To-dos für die Zeit vor den Rauhnächten

- **Trage keinen Groll mit ins neue Jahr ...** Suche das Gespräch mit Menschen, bei denen du das Gefühl hast, eure Beziehung ist durch ungeklärte Themen belastet.

- **Begleiche offene Rechnungen und Schulden und mache reinen Tisch ...** im direkten wie auch übertragenen Sinne. Ist dies nicht möglich, darfst du deine Dankbarkeit für eine „Fristverlängerung" in einem Gruß, direkt oder an eine höhere Ebene formulieren.

- **Bringe all die Dinge zurück,** die du dir dieses Jahr ausgeliehen hast, und hole dir Verborgtes zurück.

- **Erledige Rückrufe, E-Mail-Antworten und löse gegebene Versprechen ein.** Vereinbare dafür evtl. einen konkreten Zeitpunkt im neuen Jahr.

- **Laut den alten Überlieferungen sollen in den Rauhnächten alle Räder still stehen.** So wurde früher nicht gewaschen, gesponnen oder gemahlen, da sich in dieser Zeit nur das Rad des Schicksals dreht.

- **Weiter heißt es, dass in den Rauhnächten keine Wäsche aufgehängt werden soll,** damit sich die Geister und Dämonen nicht darin verfangen. Auch wenn du einen Wäschetrockner hast, ist es vielleicht ganz angenehm, dich in diesen Tagen nicht mit solch alltäglichen Dingen zu beschäftigen.

- **Um Neuem einen Platz zu schaffen, reinigen wir unseren Lebensraum.** Ob Haus, Wohnung, eigenes Zimmer, Büro oder was immer du als deinen Lebensraum bezeichnest – beginne Ende November, all deine Räume zu sortieren und zu klären. Tu dies in einer ruhigen Stimmung und ohne Druck und schaffe eine klare Atmosphäre.

- **Verlasse deinen Arbeitsplatz am letzten Arbeitstag aufgeräumt und ohne offene Vorgänge.**

- **Besorge dir alles, was du für deine Rauhnachtsrituale benötigst.** Unsere Einkaufsliste findest du auf den nächsten Seiten.

- **Nutze die Zeit bis Weihnachten, um das vergangene Jahr noch mal Revue passieren zu lassen.** Was möchtest du davon nicht mit ins neue Jahr nehmen? Was will noch zu Ende geführt werden? Zusätzlich kannst du Ereignisse, Begegnungen, Gedanken oder was dich unangenehm berührt notieren und mit einem Ritual bewusst loslassen. Dies kann durch eine Übergabe ans Feuer geschehen. Manche mögen es, die Themen an einem gasgefüllten Luftballon in den Himmel steigen zu lassen. Und manch einer zerreißt die Notizen einfach mit dem Wissen, dass die Gefühle dazu nun gehen dürfen. Du wirst das Passende für dich finden!

Es ist schön, das Jahr geregelt abzuschließen. Es macht innerlich frei, wenn im Außen alles erledigt ist und du dich in den Rauhnächten ganz um dich und dein Inneres kümmern kannst.

→ Einkaufsliste für die Rauhnächte

Die Weihnachtstage sind erfahrungsgemäß schneller da, als man erwartet, genauso wie die noch zu erledigenden Dinge. Nachfolgend eine Auflistung, was dich in deinen Rauhnachtsritualen unterstützt. Überlege dir, was du wirklich brauchst. Vielleicht hast du einiges auch noch vom letzten Jahr zu Hause?

Grundausstattung zum Räuchern

• Das Räuchergefäß
Dieses steht im Mittelpunkt all der Zeremonien. Wähle also eines, an dem du dich wirklich erfreust. Dies kann ein spezielles Räuchergefäß, eine Räucherpfanne, Keramik- oder Tonschale sein. Dieses muss auf einer feuerfesten Unterlage stehen. Für Hausreinigungen ist es sinnvoll, wenn man das Gefäß gut durchs Haus tragen kann, z. B. eine Räucherpfanne mit Stiel.

• Räucherkohle und Räuchersand
Die spezielle Räucherkohle (manchem auch als Shisha-Kohle bekannt) ist mit Magnesium versetzte Kohle in Scheibenform. Achte hier auf hochwertige Kohle, die angenehm riecht und nicht so stark raucht. Vielleicht hast du von deinem letzten Urlaub am Meer noch etwas Sand da? Ansonsten gibt es Räuchersand im Fachhandel.

• Eine Feder zum Verteilen des aufsteigenden Rauches

• Räucherlöffel und Zange (optional)

• Streichhölzer oder Feuerzeug

• Räucherwerk / Räucherzutatenzutaten
An Räucherzutaten gibt es eine reiche Auswahl.
Wenn du selbstgesammelte und -getrocknete Kräuter, Harze und Hölzer verräucherst, benötigst du noch einen Mörser zum Zerkleinern.
Wir haben verschiedene, qualitativ hochwertige Räuchermischungen für die Rauhnachtszeit zusammengestellt. Du findest die Bezugsquellen am Ende des Büchleins.

Sonstiges

Außerdem solltest du genügend **Kerzen** im Haus haben – für all die Menschen, die man liebt und denen man ein Licht schicken möchte, und eine Kerze für den Rauhnächte-Altar.

Zum Festhalten deiner Visionen und Gedanken kannst du dieses Büchlein verwenden.

Möchtest du die Chance für eine **Zukunfts-Collage** nutzen,
besorge dir Materialien dafür:

- Fotokarton
- eine Leinwand oder einen Bilderrahmen als Untergrund
- Zeitschriften zum Ausschneiden
- farbige Stifte oder Farben zum Gestalten

Du möchtest im neuen Jahr Glück verschenken? Denke an kleine **Glücksbringer.**

Dein Rauhnächte (Räucher-)Ritual

Eine Rauhnacht beginnt immer am Abend mit Einbruch der Dunkelheit und geht am nächsten Tag mit der Abenddämmerung in die nächste Rauhnacht über. Das heißt die 1. Rauhnacht beginnt am 24. Dezember abends und geht am 25. Dezember mit Einbruch der Abenddämmerung in die 2. Rauhnacht über. So ist immer eine Nacht und ein Tag der jeweiligen Rauhnacht zugehörig.
Die zwölfte Rauhnacht endet am 5. Januar um Mitternacht auf den 6. Januar, dem Tag der Heiligen Drei Könige. Sie schließt die Schwellenzeit ab.

Es ist gut, sich vorher zu überlegen, wann du dir Zeit für dich und deine Gedanken nehmen möchtest. Planst du jeden Morgen und jeden Abend eine halbe Stunde Zeit ein oder verabredest du dich an drei oder vier Abenden komplett mit dir selbst? Finde den für dich besten Weg und entwickle deine (täglichen) Rituale. Es kommt nicht auf eine komplexe Abfolge vieler Einzelschritte an. Das Einfache und Authentische zählt.

Früher ging es in den Rauhnächten mehr um die äußeren Geschehnisse. In unserer jetzigen, schnellen Zeit stehen das Erkennen von Zusammenhängen, Loslassen und innere Wachstumsprozesse im Vordergrund.

Die Informationen, welche wir in den Rauhnächten sammeln sind im Detail wie auch in ihrer Gesamtheit zu betrachten. Besondere Begegnungen, ungewöhnliche Erlebnisse, berührende Meditationen, Traumbotschaften – notiere dir möglichst jeden Tag die wichtigsten Wahrnehmungen hier im Buch. Die Ereignisse der einzelnen Rauhnächte geben dir Hinweise was im entsprechenden Monat im neuen Jahr passieren kann. Alles, was an diesen Tagen geschieht, hat eine ganz besondere Bedeutung, selbst wenn es im ersten Moment auch noch so banal und unwichtig erscheint. Am Ende formt sich ein Hinweis deiner Seele für dich heraus.

Während der Rauhnächte lohnt es sich besonders, ein Traumtagebuch zu führen. Allein schon die Absicht, das Geträumte zu notieren, verbessert die Traumerinnerung oft enorm. Lege einen Notizblock direkt neben das Bett. Wenn du morgens aufwachst, bleibe noch einen Moment ruhig liegen und frage dich „Was habe ich geträumt?". Notiere alles, woran du dich erinnern kannst, ohne lange zu grübeln.

Halte dich nicht bei Details auf, achte vor allem auf Stimmungen und Gefühle. Manchmal bemerkt man bereits beim ersten Notieren eine Botschaft. Später am Tag kannst du die Traumfragmente in dieses Workbook übertragen.

Die Rauhnächte sind auch Rauchnächte. Versuche das Räuchern immer wieder in deine Rauhnachtrituale einzubinden. Räuchere dabei das tägliche empfohlene Räucherwerk zur Unterstützung der Themen oder wähle die Rauhnächtemischung, welche du an allen Tagen verwenden kannst.

Zusammengefasst geht es um (tägliche) Zeit für Dich, zum...
- Überdenken der Themen des Tages
- Räuchern
- Innere Einkehr
- Gedanken schweifen lassen
- Niederschreiben der Erkenntnisse und Erlebnisse

Ich habe die Qualitäten der Rauhnächte jeweils um einen Edelstein ergänzt. Die Edelsteine stärken dich, wenn du sie tagsüber oder während des Räucherrituals bei dir trägst.

→ Dein Ritual

1. **Schaffe dir einen heiligen Raum.**
   Lege dir, wenn du möchtest beruhigende Musik auf. Wenn dir danach ist, bereite dir einen Tee oder stelle dir ein Glas Wein zurecht.

2. **Baue deinen Räucheraltar auf.**
   Dazu gehören eine Kerze, dein Räuchergefäß, Räucherkohle und -sand, Räucherlöffel und -zange, eine Feder und das Räucherwerk für diesen Tag.

3. **Lege dir dein Rauhnächte-Buch und einen Stift zurecht.**

4. **Setz dich, werde langsamer** und lenke deine Achtsamkeit auf deinen Körper und deinen Atem.

5. **Entzünde die Kohle** in deiner Räucherschale

6. **Definiere deine Absicht.**
   Warum möchtest du heute räuchern? Bitte deine Spirits um Führung und Unterstützung. Lausche in dich hinein.

7. **Ist die Kohle durchgeglüht** und hat eine durchgehende Ascheschicht, ist sie bereit. Sie riecht und raucht nun nicht mehr. Der Rauch der beim Auflegen entsteht, stammt ausschließlich vom Räucherwerk.

8. **Lege nun vorsichtig ein bisschen Räucherwerk auf die Kohle** – soviel wie zwischen zwei Fingerspitzen passt. Weniger ist mehr.

9. **Beobachte den Rauch und lasse dich von ihm einhüllen.** Fächere ihn dir über den Kopf und deinen Körper – dreimal.

10. **Denke über diese Rauhnacht nach.**
    Wie verlief dieser Tag für dich? Wie fühlst du dich? Gab es bedeutsame Begegnungen und Begebenheiten? Was war außergewöhnlich und geht dir nicht mehr aus dem Kopf?

11. **Lege während deiner Gedanken weiteres Räucherwerk auf,** wenn es für dich passt.

12. **Schau nach den Themen für diese Rauhnacht.**
    Vielleicht machst du eine Meditation oder schreibst du deine Gedanken zu den Themen des Tages nieder.

13. **Lasse das Räucherwerk von alleine ausbrennen** und spüre wie der Rauch dich trägt.

14. **Danke den Energien und dir selbst** für deine Räucherpraxis.

15. **Löse dich** und komme zurück ins Hier & Jetzt.

16. **Lüften ist nur notwendig,** wenn zu viel Rauch im Raum ist, oder wenn es dir unangehm ist. Der Rauch ist nicht schädlich, da er ausschließlich von den verwendeten Zutaten stammt.

Das magische Ritual der 13 Wünsche

Die Rauhnächte sind die Zeit der Rituale. Es gibt viele schöne, überlieferte, alte Rituale... und es gibt dieses Ritual der 13 Wünsche, welches in der neuen Zeit entstanden ist und Jahr für Jahr mehr Anhänger findet. Es nährt den Wunsch, selbst etwas für die eigene Zukunft zu tun und die Sehnsucht nach Unterstützung. Und es ist ein Tag für Tag sehr berührendes Ritual.

Es erwartet uns eine magische Zeit, welche uns einen Blick auf andere Ebenen in das kommende Jahr gewährt. Alte Strukturen werden aufgebrochen, damit neue entstehen können. Neue Wege wollen begangen werden. Mit diesem Ritual schreibst du schon mal deine Route für das neue Jahr.

Zwölf Wünsche werden, in Form des Verbrennens, dem Universum mit der Bitte um Erfüllung übergeben. Ein Wunsch bleibt übrig - den zu erfüllen, hat das Schicksal dir zugedacht. Die Vorbereitung dafür, das Überlegen der Wünsche für das, was du dir vom neuen Jahr erhoffst, ist eine wunderbare Beschäftigung für die Adventszeit.

Überlege dir in Ruhe:
Was ist DIR wichtig?
Was liegt DIR am Herzen?
Was würde das kommende Jahr vollkommen machen?
Die Energie zwischen der Wintersonnenwende (21.12.) und Heiligabend ist die passende, um die wohlüberlegten Wünsche auf 13 Zettel niederzuschreiben.

Wunsch-Erfolgs-Formel
- Formuliere deine Wünsche kurz und präzise.
- Schreibe positiv in der Gegenwartsform, als wäre der Wunsch schon erfüllt. Schreibe z.B. „Ich bin gesund." und nicht „Ich wünsche mir Gesundheit." oder „Ich möchte nicht mehr krank sein.".
- Wünsche nur für dich - nicht für andere.
- Stelle dich in der Situation der Erfüllung vor - lebe diesen Moment mit jeder Zelle deines Körpers. Ist es genau das, was du erleben möchtest?

Gehe weise mit deinen Wünschen um. Für jeden von ihnen, könntest du selber zuständig sein! Falte die 13 Wunschzettel jeweils so, dass sie sich äußerlich nicht mehr unterscheiden. Gib diese in ein Säckchen oder in ein schönes Kästchen.

→ Dein tägliches Ritual

1. **In jeder Rauhnacht,** beginnend in der Nacht vom 24. auf den 25. Dezember, möglichst wenn es dunkel oder zumindest dämmrig ist, gehe hinaus und ziehe einen der Zettel aus dem Säckchen bzw. Kästchen.

2. **Übergib ihn nun der geistigen Welt,** indem du ihn ungeöffnet (in einer feuerfesten Schale) verbrennst. Schau nicht nach, welcher Wunsch es ist… höhere Kräfte kümmern sich in den kommenden Monaten darum.

3. **Schaue zu, wie das Papier in Rauch aufgeht.** Bleibe ganz still dabei und achte darauf, was sich in deinem Kopf und deinem Herzen bewegt. Vielleicht magst du es später hier in deinen Tagesnotizen in Worte fassen.

4. **Übergib die Asche der Erde** und danke zum Abschluss den Elementen für ihre Unterstützung.
Du wirst sehen, die einzelnen Zettel verbrennen sehr unterschiedlich. Manche entzünden sich fast von allein und verbrennen ganz schnell. Einige andere dagegen sind richtig „störrisch"… fallen runter, der Wind weht sie weg, das Streichholz bricht ab oder die Flamme geht immer wieder aus. Bleibe hartnäckig beim Verbrennen und sorge dafür, dass alles verglüht. Wenn soviel Widerstände da sind, verlockt es natürlich, zu schauen, welcher Wunsch sich da so widersetzt. Doch wir dürfen vertrauen, dass alles genauso geschieht, wie es für uns und unsere Entwicklung das Beste ist!

5. **So verfahre nun zwölfmal.** Am 6. Januar, dem Tag der Heiligen Drei Könige, öffnest du dann den allerletzten Zettel aus deinem Kästchen. Entzünde ein Räucherwerk und richte dich auf einen ganz besonderen Moment ein. Nimm ihn feierlich hervor und entfalte das Papier. Und dann lese den Wunsch, um den du dich im gerade anbrechenden Jahr selbst kümmern darfst.

Tipp

Du kannst die Wünsche auch auf Lorbeerblätter schreiben und diese in Papier einpacken, um sie so zu verbrennen. Lorbeer ist eine magische Pflanze, mit der man die innersten Kräfte und Rituale unterstützt.

Was tun wenn...

... du an einem Tag vergessen hast, einen Zettel zu verbrennen?
–> Verbrenne am nächsten Tag zwei Zettel.

... du versehentlich zwei Zettel verbrannt hast?
–> Mache am nächsten Tag eine Pause.

... du am 6. Januar noch zwei Zettel übrig hast?
–> Dann sind das die zwei Wünsche, um die du dich selbst kümmerst.

... du am 3./4. Januar nur noch einen Wunschzettel (statt zwei) hast.
–> Dann ist dies der Wunsch, um den du dich selbst kümmerst.

„In dem Augenblick,
in dem man sich einer Aufgabe verschreibt,
bewegt sich die Vorsehung auch.
Alle möglichen Dinge, die sonst nie geschehen wären,
geschehen, um einem zu helfen."

Johann Wolfgang von Goethe

Das Julfest

21. ODER 22. DEZEMBER

DAS SAMENKORN ERWACHT UND FÄNGT AN ZU KEIMEN. ES SEHNT SICH NACH DEM LICHT.

Die Wintersonnenwende, ist die dunkelste Nacht des Jahres. Es ist der Tag, an dem das Licht wiedergeboren wird.

Mit der Wintersonnenwende treten wir ein, in den magischen Kreis der Rauhnächte. In manchen Kulturen und Überlieferungen ist diese die erste Rauhnacht. In anderen beginnt die erste Rauhnacht, wie bei uns, am Heiligen Abend.

Ursprünglich wurde an diesem Tag, die Geburt der wiederkehrenden Sonne gefeiert. Ihr zu Ehren verräucherte man weihende Harze und Kräuter mit der Sonnensignatur. Dies sind z.B. Alantwurzel, Johanniskraut, Nelke und Rosenblätter.

Auch wurde der Jahreszeitenkranz (später der Adventskranz) mit je einer Kerze pro Jahreszeit und dem Symbol des nie endenden Jahreszyklus gewunden. Die Menschen gingen davon aus, dass sich die Vegetationsgottheit im Winter in die immergrünen Zweige der Tanne und Fichte zurückzog. Diese holte man sich nun zusammen mit den Gehölzen ins Haus und erweckte sie mit dem Feuer der Kerzen zum Leben.

Julfest-Ritual

In der Zeit der Rauhnächte bekommen wir einen intensiven Kontakt zu den Naturwesen. Suche dir einen besonderen Baum in deiner Umgebung und ehre die Natur und ihre Wesen.

Mache heute der Natur ein Geschenk. Lege Geschenke wie Obst, Körner, Milch, Brot, Tabak, Räucherwerk oder eine Blüte als Opfergabe mit guten Wünschen an die Baumwurzel und bitte um Unterstützung deiner Wahrnehmung, Rituale und Vorhaben in den nächsten Tagen.

Auch deine Ahnen haben in den Rauhnächten eine intensive Verbindung zu dir. Lass heute ein Nachtlicht für sie brennen.

ToDos bis zum Beginn der Rauhnächte

- Notiere dir erste Gedanken zu den Begebenheiten und Fragen dieser Tage hier im Buch.
- Vielleicht möchtest du das **Magische Ritual der 13 Wünsche** für das neue Jahr zelebrieren? Notiere deine Wünsche auf kleine Zettel. Wie erging es dir dabei?
- Notiere in deinem Rauhnacht-Buch, was du alles im alten Jahr noch beenden und loslassen möchtest. Mache dir To-Do-Vermerke für Wann? Wie? Und Wo?
- Schmücke deinen Weihnachtsbaum mit guten Wünschen für das neue Jahr. Was wünschst du dir persönlich? Was deiner Familie? Was dem Land, auf dem du lebst? Was deinen Mitmenschen? Notiere all die Wünsche und vielleicht magst du sie als Sterne gefaltet an deinen Weihnachtsbaum hängen
- Ist deine Wohnung für die Rauhnächte bereit? Ist alles aufgeräumt und sauber? Vielleicht magst du nochmal symbolisch mit einem Besen alle Zimmer in der Wohnung auskehren. Kehre dabei alles „Dunkle" und alle negativen Energien, vor allem aus dem Ecken, heraus. Öffne dabei die Fenster weit. Zelebriere dieses Reinigen als ein Ritual, es geht hierbei nicht um perfekte Sauberkeit. Beziehe auch deine Betten frisch und nähe fehlende Knöpfe an.

1. Rauhnacht

24./25. DEZEMBER (steht für Januar)

SYMBOLIK DES TAGES: STILL WERDEN

IMPULS: DU BIST MIT DEINEN AHNEN VERBUNDEN

Am Weihnachtsabend beginnt die erste Rauhnacht. Während die Kinder noch aufgeregt auf ihre Geschenke warten und die Familie sich zusammenfindet, kann man sie schon spüren – die Ruhe der Heiligen Nacht.
Die erste Rauhnacht, der späte Heiligabend und der 1. Weihnachtsfeiertag laden dich dazu ein, das Jahr Revue passieren zu lassen.

Heute ist der bewusste Einstieg in die Rauhnächte.

Es ist so weit: Zieh dich zurück und öffne das Tor der Rauhnächte für dich. Mach dir bewusst, warum es dir persönlich wichtig ist, diese Zeit deiner Seele und dem, was sich in dein Bewusstsein schwingen möchte, zu widmen.
Beginne die Rauhnächte mit einem Räucherritual mit reinem Weihrauch. Während du das Räucherwerk Stück für Stück auf die glühende Kohle legst, verdeutliche dir, welche besonderen Begegnungen und Erfahrungen dein Jahr geprägt haben.

Kurz-Ritual zur 1. Rauhnacht:

Lass für die Menschen, die du liebst, in der Heiligen Nacht eine Kerze brennen.
Entzünde die Kerze in Gedanken an die Menschen, denen du verbunden bist. Verbunden durch Familienbande, Liebe und Freundschaft. Schau in die Flamme, spüre eure Verbindung zueinander und danke ihnen für ihr Sein.
Lasse die Kerze die ganze Nacht und den ganzen Tag für all die Menschen brennen. Achte auf eine feuerfeste Unterlage.

**HAUPT-RÄUCHERWERK
DER 1. RAUHNACHT:**

Reiner Weihrauch

Der echte Weihrauch, auch Olibanum genannt, war im Altertum eines der begehrtesten Räucherharze. Nicht umsonst gehörte der Weihrauch zu den Geschenken der Heiligen Drei Könige. Weihrauch befreit die Atmosphäre von dunklen Energien, klärt den Geist und reinigt unsere Energiekanäle. Er hat eine segnende Wirkung und macht empfänglich für kosmische Schwingungen.

Wenn du bei Weihrauch an die durchdringenden Gerüche in der Kirche denkst ... solltest du einmal Weihrauch aus dem Oman probieren. Er ist der beste der Welt und hat einen wunderbaren balsamischen weichen Duft.

EDELSTEIN:

Farbiger Turmalin

Die Offenbarung des Lichts
Der farbenfrohe Turmalin verbindet die Vergangenheit mit der Zukunft und schenkt uns einen klaren Blick auf unsere eigene Position im Leben. Er hat eine aufbauende Wirkung auf Körper und Geist und fördert das Streben nach Klarheit und unterstützt Transformationsprozesse.

GEDANKEN ZUM TAG

RAUM FÜR GEDANKEN

Raum für Gedanken

RAUM FÜR GEDANKEN

Raum für Gedanken

2. Rauhnacht
25./26. DEZEMBER (steht für Februar)

SYMBOLIK DES TAGES: DER INNEREN WEISHEIT VERTRAUEN

IMPULS: SICH FÜHREN LASSEN

In den Rauhnächten haben wir immer wieder die Gelegenheit, tief in unser Inneres einzutauchen.

Die zweite Rauhnacht, der Abend des 1. Weihnachtsfeiertages und der 2. Feiertag, lädt dich ein auf deine Wahrnehmung zu schauen. Heute geschieht nichts aus Zufall.

Egal wer oder was dir heute begegnet... sei wertfrei, vertraue deiner Intuition und habe einen offenen Blick. Was fühlt sich gut an und was nicht? Welche Themen erscheinen immer wieder? Was im Außen passiert, zeigt auf Verborgenes in deinem Inneren. Bist du bereit es ans Tageslicht des klaren Bewusstseins zu bringen?

Kurz-Ritual zur 2. Rauhnacht:

Welchem deiner Sinne vertraust du am meisten?
Überlege, mit welchem Sinn du heute besonders empfänglich warst? Ist dir der Tannenduft des Weihnachtsbaumes besonders im Gedächtnis geblieben? Hast du die Augen leuchten sehen? Schwebt dir der Klang der Weihnachtsmusik im Ohr? Spürst du noch die Berührung deiner Lieben? Wenn du deinen Tag in drei Sätzen beschreibst, findest du in deiner Sprachwahl den Sinn, welchem du am meisten vertraust. Er ist der Schlüssel zu den verborgenen Kammern deiner Seele.

**HAUPT-RÄUCHERWERK
DER 2. RAUHNACHT:**

Lorbeer

Der echte Lorbeer ist ein lichtbringendes Sonnenkraut und wird bereits seit der Antike geräuchert - es soll auch beim Orakel von Delphi verwendet worden sein. Der Rauch der Lorbeerblätter schärft unsere Wahrnehmungsfähigkeit und hilft uns Erkenntnis und Weisheit zu erlangen. Der Pflanzengeist des Lorbeer begleitet den Blick nach Innen und führt uns in Ecken unseres Unterbewusstsein, welche schwer zugänglich sind. Er unterstützt dabei, Verborgenes in das klare Bewusstsein zu bringen.

Außerdem verhilft uns eine Lorbeer-Räucherung vor dem Zubettgehen, zu visionären Träumen, sie bewusster zu machen und besser in Erinnerung zu behalten.

EDELSTEIN:

Mondstein

Die steingewordene Intuition
Der Mondstein mit seinem sanften Schimmer stärkt die Wahrnehmung, Intuition und Traumerinnerung. Er gilt als Schutzstein und erleichtert uns auf unsere Gefühle zu hören und nimmt die Angst vor Neuem und Unbekannten.

GEDANKEN ZUM TAG

RAUM FÜR GEDANKEN

Raum für Gedanken

RAUM FÜR GEDANKEN

Raum für Gedanken

3.Rauhnacht

26./27. DEZEMBER (steht für März)

SYMBOLIK DES TAGES: HERZ ÖFFNEN

IMPULS: DANKBARKEIT

Nach den Feiertagen kommt für viele von uns die Zeit, in der wir uns auch wirklich um uns selbst kümmern können.

Die dritte Rauhnacht, der Abend des 2. Weihnachtsfeiertages und der 27. Dezember, schenken dir die Möglichkeit die Wunder in deinem Leben und deine Dankbarkeit dafür zu erkennen.

Du kannst heute deine (heimlichen) Wünsche herausfinden. Was hat dich zuletzt zum Lachen gebracht? Wobei kannst du alles um dich herum vergessen? Was machst du am liebsten? Was erfüllt dich mit tiefer Freude? Womit kannst du dir selbst einen Herzenswunsch erfüllen?

Zünde für die bereits erfüllten Wünsche in deinem Leben ein (Tee-)Licht an. Fühle die Dankbarkeit dafür. Und dann entzünde für jeden deiner noch offenen Herzenswünsche ein Licht.

Kurz-Ritual zur 2. Rauhnacht:

Wem bist du dankbar?

Welche Person kommt dir dazu als allererstes in den Sinn? Schreibe ihr JETZT und SOFORT eine kurze Nachricht und DANKE ihr.

Wenn diese Person für dich nicht erreichbar ist, notiere deine Worte an sie hier in dein Rauhnächtebuch.

**HAUPT-RÄUCHERWERK
DER 3. RAUHNACHT:**

Tonkabohne

Der volle, würzige, vanilleartige Duft der Tonkabohne vermittelt das Gefühl von Geborgenheit und Urvertrauen. Die Herzenergie wird gestärkt und es entsteht ein Raum, in dem (Herz-) Öffnung möglich ist und wir von der Ebene des Gefühls und des Herzen sehen können.

Die Tonkabohne sollte vor dem Räuchern mit einem Mörser zerkleinert werden.

In Südamerika werden der Tonkabohne magische Kräfte zugesprochen. Sie wird als Schutzamulett und zur Erfüllung von Wünschen verwendet.

EDELSTEIN:

Rosenquarz

* Der Stein, der Herzen erweicht *

Der Rosenquarz steigert die Herzkraft und löst Ängste. Er hilft sich auf andere Menschen und auch auf sich selbst einzulassen. Mit seiner stärkenden Kraft auf das Wurzelchakra stärkt er das Vertrauen und verleiht die Kraft, sich für Großes zu öffnen.

GEDANKEN ZUM TAG

RAUM FÜR GEDANKEN

Raum für Gedanken

RAUM FÜR GEDANKEN

Raum für Gedanken

4. Rauhnacht
27./28. DEZEMBER (steht für April)

SYMBOLIK DES TAGES: RICHTUNGSWECHSEL

IMPULS: LOSLASSEN

Die Rauhnächte werden oft in einem Atemzug mit Bereinigung, Klären und Loslassen genannt.

Die vierte Rauhnacht, der Abend 27. Dezember und der 28. Dezember, steht unter genau diesem Motto.

Es ist der Tag des physischen und psychischen Entrümpelns und der energetischen Wohnungsreinigung. Da dies sehr zeit- und kräftezehrend sein kann, empfehle ich dir, damit früh zu beginnen und dir heute nicht zu viel Zusätzliches vorzunehmen. Falls du heute nicht alles schaffst, hast du in den nächsten zwei Tagen nochmal gute Gelegenheiten zum energetischen Reinigen.

Räume gründlich auf und putze deine Wohnung. Befreie sie von all dem Ballast des vergangenen Jahres. Danach reinigst du dein Heim energetisch mit Weißem Salbei. Visualisiere dabei, wie sich die alten stagnierenden Energien der vergangenen Zeit transformieren und auflösen.

Kurz-Ritual zur 4. Rauhnacht:

Was möchtest du im alten Jahr zurücklassen?

1. Notiere dazu auf drei Zetteln jeweils bis zu drei Punkte, von denen du dich verabschieden willst. Ob schlechte Angewohnheiten, Charakterzüge, schwierige Beziehungen, alte Angelegenheiten oder Wut & Groll. Bringe es auf den Punkt.

2. Zünde die Zettel in einer Feuerschale an und entlasse das Alte aus deinem Leben. Damit schließt du Frieden mit der Vergangenheit. Lege die alten Geschichten bei und nimm deine Lehren daraus mit.

3. Du bist nun bereit, dich für das Neue zu öffnen. Denn nur, wer loslässt, hat die Hände frei, Neues in Empfang zu nehmen.

HAUPT-RÄUCHERWERK
DER 4. RAUHNACHT:

Weißer Salbei

Der Weiße Salbei ist DAS Kraut der Bereinigung – er macht Platz für Neues. Er neutralisiert bzw. vertreibt negative Energien und Emotionen sowie niedere Astralwesen, er reinigt und entspannt die Atmosphäre, klärt das Bewusstsein und löst mögliche Anhaftungen.

Außerdem wirkt er desinfizierend und keimtötend und wird auch gern unterjährig zur schnellen Raum- und Aurareinigung verwendet.

Beim Räuchern legt der Weiße Salbei einen schützenden Ring auf deine Wohnung.

EDELSTEIN:

Bergkristall

Der Klärer und Vitalisierer
Der Bergkristall ist der Stein der klaren Vernunft. Er schafft Ordnung im Innen und Außen und ist ein Katalysator auf dem Weg zu unserem Selbst. Er ist ein Lichtbringer, wirkt befreiend und unterstützt bewusstes Agieren und Entscheiden.

GEDANKEN ZUM TAG

RAUM FÜR GEDANKEN

Raum für Gedanken

RAUM FÜR GEDANKEN

Raum für Gedanken

5.Rauhnacht
28./29. DEZEMBER (steht für Mai)

SYMBOLIK DES TAGES: SELBST ANNEHMEN

IMPULS: KOMFORTZONE VERLASSEN

Nachdem du gestern jede Menge Ballast um dich herum losgeworden bist, geht es heute in den Bereich der Emotionen und Gefühle.

Die fünfe Rauhnacht, der Abend des 28. Dezember und der 29. Dezember, fordert dich auf, deine Komfortzone zu verlassen.

Durch die intensive Auseinandersetzung mit der Vergangenheit und der eigenen Vergänglichkeit werden die Gefühle auf verschiedenen Ebenen angesprochen. Emotionen und Stimmungen verschaffen sich Raum, um gesehen zu werden... nicht immer einfach.

Bist du bereit, dich mit der Vergänglichkeit des Lebens zu beschäftigen? Mit DEINER Vergänglichkeit?

Der Tod findet jeden Tag im Leben statt... sichtbar und unsichtbar. Das Auseinandersetzen damit, kann dir dabei helfen, dein Leben neu zu ordnen und dich auf das zu fokussieren, was du erreichen möchtest.

Notiere dir dazu deine Gedanken... vielleicht ist es auch das erste Mal, dass du dich mit diesen Fragen beschäftigst... vielleicht ängstigen sie dich. Nähere dich diesem Thema soweit du damit umgehen kannst... beim nächsten Mal wird es ein bisschen mehr sein und irgendwann bist du dabei frei.

Wenn ich noch 1 Jahr / 1 Monat / 1 Tag zu leben hätte, wie würde ich die Zeit verbringen?

Kurz-Ritual zur 5. Rauhnacht:

Was soll am Ende meines Lebens über mich gesagt werden?
Was soll in meinem Nachruf stehen?
Mache dir Gedanken darüber und was es für dein Handeln im neuen Jahr bedeutet.

**HAUPT-RÄUCHERWERK
DER 5. RAUHNACHT:**

Alantwurzel

Die Alantpflanze ist seit dem Altertum eine starke, heimische Heil- und Zauberpflanze. Sie bringt die Sonnenkraft in unsere Seele und eignet sich wie kaum eine andere Pflanze, dabei die eigenen Schatten anzuschauen. Sie hilft dir, bei dir zu bleiben, wirkt gegen Ängste und unterstützt blockierte Energien wieder in den Fluss zu bringen. Eine wunderbar erdende und stärkende Räucherung.

EDELSTEIN:

Hämatit

* Lässt es dich durchziehen *
Der Hämatit ist ein außergewöhnlich kraftvoller Energieträger mit hoher absorbierender Wirkung. Er nimmt (deine) dunklen Gedanken und Schwingungen auf, baut einen geschützten Raum für dich, verleiht innere Ruhe, stärkt die Vitalität und macht dich frei für deine geistige und spirituelle Entwicklung.

GEDANKEN ZUM TAG

RAUM FÜR GEDANKEN

Raum für Gedanken

RAUM FÜR GEDANKEN

Raum für Gedanken

6. Rauhnacht

29./30. DEZEMBER *(steht für Juni)*

SYMBOLIK DES TAGES: DEIN KÖRPER IST DER TEMPEL DEINER SEELE

IMPULS: SELBSTLIEBE

Die letzten zwei Tage waren körperlich und emotional herausfordernd. Du hast viel bearbeitet und gelöst.

Die sechste Rauhnacht, der Abend des 29. Dezember und der 30. Dezember, schenkt all seine Aufmerksamkeit deinem Körper.

Die Rauhnächte sind nicht nur heilige, sondern auch heilende Nächte. Die Wirkung von Heilanwendungen aller Art ist in dieser Zeit besonders intensiv. Aktiviere heute deinen Stoffwechsel... unternimm einen langen Spaziergang und wärme deinen Körper – mit (Basen-)Bädern, Saunagängen, heißen Getränken und Suppen. Holunderblüten-, Lindenblüten-, Hagebutten-, Brombeerblätter- und Thymiantee bringen dich gut durch die dunklen Tage.

Wann hast du das letzte Mal auf die Frage „Wie geht es dir?" nicht mit GUT geantwortet? Wie beantwortest du dir diese Frage gerade selbst... in mehr als einem Satz?

Nutzte die letzten Tage des Jahres und die Kraft der Rauhnächte zum weiteren Bereinigen der alten Dinge... begleiche offene Rechnungen, räume Probleme mit andere Menschen aus dem Weg, sprich dich aus, vergib... mache reinen Tisch und befreie Körper und Seele von Altlasten.

Kurz-Ritual zur 6. Rauhnacht:

Schau dir im Spiegel in die Augen... zehn Minuten lang.
Stelle dir vorher einen Timer. Setz oder stell dich vor den Spiegel. Schaue dir in die Augen... mal ins linke, mal ins rechte. Unterbrich den Blickkontakt nicht. Bewerte nicht was du siehst. Wenn Gedanken kommen, registriere sie, geh ihnen aber nicht weiter nach. Wenn deine Aufmerksamkeit abdriftet, lenkst du sie sanft zurück zu dir und deinem schönen Spiegelbild. Nach zehn Minuten nimmst du etwas mehr Abstand zu deinem Spiegelbild und betrachtest dein Gesicht als Ganzes. Lächle dir selbst zu und sage "(dein Name) – ich liebe dich". Es werden heute vielleicht die zehn intensivsten Minuten deines Tages....

HAUPT-RÄUCHERWERK
DER 6. RAUHNACHT:

Yerba Santa

Yerba Santa bedeutet Heiliges Kraut und ist ein traditioneller Bestandteil der schamanischen Medizinbeutel. Yerba Santa, auch Santakraut genannt, besitzt stark regenerierende Kräfte. Es löst Spannungen, heilt emotionale Verletzungen und schafft eine heilsame Atmosphäre. Santakraut stärkt den physischen, wie auch den ätherischen und den Astral-Körper. Es schenkt Selbstvertrauen, Mut und Kraft.

EDELSTEIN:

Versteinertes Holz

Erdung & Selbstliebe
Das Versteinerte Holz zählt zu den wichtigsten Heilsteinen. Es harmonisiert Körper, Geist & Seele und schenkt Achtsamkeit gegenüber sich selbst. Versteinertes Holz wirkt erdend, beruhigend und beschert Zufriedenheit.

GEDANKEN ZUM TAG

RAUM FÜR GEDANKEN

Raum für Gedanken

RAUM FÜR GEDANKEN

Raum für Gedanken

7. Rauhnacht
30./31. DEZEMBER (steht für März)

IMPULS: LEBENSFREUDE

Mit Beginn der Abenddämmerung am 30. Dezember erwartet uns die siebte Rauhnacht... der siebte Mondmonat... und am 31. Dezember der Silvestertag. Das alte Jahr will in Liebe und Achtung verabschiedet werden - das Neue liegt noch im Nebel verborgen. Diese letzte Nacht des alten Jahres darf ganz individuell gefeiert werden!

Bereite dich heute auf den Übergang ins neue Jahr vor... nimm z.B. ein letztes Bad im alten Jahr, um das Alte abzuwaschen und zu überlegen, was du bewusst im alten Jahr zurücklassen möchtest. Dabei kannst du dich für deine Leistung im ablaufenden Jahr feiern und deine eigene Vision vom neuen Jahr träumen.

Regle die letzten ungeklärten Dinge und beantworte die noch offenen Rückrufe, e- Mails und vielleicht auch Briefe.

Wenn du in den letzten Tagen noch keine Gelegenheit zum Ausräuchern deiner Wohnung hattest, solltest du den heutigen Tag (31.12.) dazu nutzen. Reinige deine Räume von den alten, verbrauchten und vielleicht auch kranken, missgünstigen, streitbaren, unguten Energien. Wer dies erst am Neujahrstag macht, könnte das neue Glück mit hinausfegen.

Kurz-Ritual zur 7. Rauhnacht:
Öffne am 31. Dezember eine Weile lang alle Türen und Fenster.
Visualisiere, wie sich das alte Jahr verabschiedet... wie sich all die alte Energie, der Schmerz, die Krankheiten, die Anstrengungen, die Ängste und die Mutlosigkeit lösen und wie von einem Sog hinausgezogen werden. Zurück bleiben die freudvollen und schönen Erinnerungen... und die Vorfreude auf das Neue. Schließe achtsam die Tür und danke.

**RÄUCHERWERK
DER 7. RAUHNACHT:**

Kardamom

Kardamom trägt die Botschaft der reinen Freude in sich. Sein Rauch entspannt, öffnet das Herz und verleiht der Seele Flügel. Seine ebenso erfrischende Wirkung mobilisiert die inneren Kräfte, bringt auch bei Stagnation ganz spielerisch die Dinge in den Fluss und zaubert ein Lächeln in unsere Gesichter.

EDELSTEIN:

Citrin

Der Stein des ewigen Lebens
Der Citrin versprüht die pure Lebensfreude, stärkt unseren Mut und unser Selbstvertrauen, schärft den Verstand und die Auffassungsgabe und die schnelle Verarbeitung von Erkenntnissen und Eindrücken. Im Altertum galt er als ein wichtiger Schutzstein bei neuen Unternehmungen.

GEDANKEN ZUM TAG

RAUM FÜR GEDANKEN

Raum für Gedanken

RAUM FÜR GEDANKEN

Raum für Gedanken

8. Rauhnacht

31. DEZEMBER / 1. JANUAR (steht für August)

SYMBOLIK DES TAGES: KLARHEIT UND WAHRHEIT SEHEN

IMPULS: EINE ENTSCHEIDUNG TREFFEN

Die 8. Rauhnacht beginnt am Silvesterabend. Silvester ist schon seit den alten Germanen ein Feuerfest. Es wird der Abschluß des alten Jahres gefeiert und mit Feuerrädern und Böllern dafür gesorgt, dass die Geister und Dämonen nicht mit ins neue Jahr hinüberwechseln.

Egal was in diesem Jahr alles passiert ist... lass es in Dankbarkeit ziehen und feiere dich selbst.

Ich wünsche dir einen wunderbaren Übergang in das neue Jahr!

Der erste Tag im neuen Jahr hängt traditionell mit dem Thema Glück zusammen. Ein Tag, um nur Positives zu versenden, in dem du anderen und dir selber nur das Beste wünschst. Glücksbringer zu verschenken ist ein schöner Brauch, sie erinnern uns das ganze Jahr an unsere guten Absichten.

Da gute Vorsätze oft schon im Champagner des ersten Neujahrsempfangs verprickeln, wirst du bereits heute, am Neujahrstag, eine Entscheidung treffen und dir selber ein Versprechen geben.

Die Rauhnächte fordern uns dazu auf, Entscheidungen zu treffen, die unserer spirituellen Entwicklung dienen. Entscheide dich für DEINE Herzensziele... und das mit ganzer Kraft!

Notiere mindestens ein und maximal drei Veränderungen, die dich fähiger und stärker... und glücklicher machen. Es sind Ziele, die zwar deinen ganzen Einsatz fordern, dich dabei aber nicht erschöpfen, vielmehr schenken sie dir Energie. Beschränke dich heute auf die Auswahl und die klare und bewusste Entscheidung dafür... konkret wird es in den nächsten Tagen.

→ Schöne Silvesterbräuche

In der Silvesternacht rote Unterwäsche tragen, soll im neuen Jahr Liebesglück und Leidenschaft bescheren.

Vom Silvesteressen etwas bis zum Neujahr übrig gelassen, wird dir auch im neuen Jahr immer einen gefüllten Kühlschrank bescheren.

Kurz-Ritual zur 8. Rauhnacht:

Öffne am Morgen des 1. Januar all deine Türen und Fenster.
Lade das neue Jahr mit seiner glücksbringenden Energie in dein Reich ein. Fühle, wie sich die frische Energie des Neujahrsmorgen in deiner ganzen Wohnung verteilt und dich durchströmt.

**RÄUCHERWERK
DER 8. RAUHNACHT:**

Eisenkraut

Eisenkraut galt bereits im alten Ägypten als heilige Pflanze. In vielen Kulturen wurde es als Zauberpflanze und Altarkraut verehrt und galt als Kraut der göttlichen Inspiration und Zukunftsschau. Eisenkraut reinigt die Atmosphäre und fördert Wachsamkeit und Klarheit. Es verleiht Mut und Stärke in Kombination mit Diplomatie und kluger Strategie.

EDELSTEIN:

Amethyst

Der Stein der Entscheidungen
Der Amethyst hat besonders klärende Eigenschaften auf unseren Geist. Überflüssige Gedanken werden aufgelöst, die Objektivität des Denkens gefördert und die tiefe Wahrheit erkennbar, wodurch Entscheidungen leichter getroffen und in die Tat umgesetzt werden.

RAUM FÜR GEDANKEN

Raum für Gedanken

RAUM FÜR GEDANKEN

Raum für Gedanken

9. Rauhnacht

1. / 2. JANUAR (steht für September)

SYMBOLIK DES TAGES: INTUITION & VISION

IMPULS: ACHTSAMKEIT

Die Festlichkeiten sind vorbei... die Rauhnächte gehen weiter... und doch darf die Normalität noch ein bisschen warten. Heute ist der Tag der heiligen Katharina. Sie steht mit ihrem Symbol, dem Rad des Lebens, dafür, dass man durch Glauben das Schicksal verändern kann.

für das was jetzt gerade um dich herum passiert... das Ticken der Uhr... das Tropfen des Wasserhahnes... das Pfeifen des Windes. Nimm einfach wahr ohne zu bewerten und beurteilen. Wenn wir es schaffen, ganz tief zu lauschen, spüren, schauen und fühlen... werden wir nicht nur das Offensichtliche, sondern auch das Verborgene wahrnehmen lernen.

Kurz-Ritual zur 9. Rauhnacht:

Deine Präsenz und Achtsamkeit in der Gegenwart liefern den Schlüssel für die Erweiterung deiner Wahrnehmung und die Ergründung der Geheimnisse der Rauhnächte.

Begib dich heute immer wieder bewusst in den Zustand der Gegenwart. Konzentriere dich dabei ganz bewusst auf das, was du in diesem Moment gerade tust – egal wie banal es dir auch erscheint.

HAUPT-RÄUCHERWERK
DER 9. RAUHNACHT:

Angelikawurzel

Die Angelika ist ein Engel in Pflanzengestalt. Ihre Räucherung stärkt die innere Kraft, wirkt erdend und erhöhend zugleich und hilft den eigenen Weg zu finden. Angelikawurzel zentriert, bringt uns wieder in unsere Mitte und unser Umfeld und uns selbst achtsam wahrzunehmen. Sie schenkt Selbstvertrauen, Kraft und Leichtigkeit.

EDELSTEIN:

Gelber Jaspis & Mookait

Der Fels in der Brandung

Der Mookait ist ein Gemenge von Jaspis und vereint die Eigenschaften des gelben und roten Jaspis. Der gelbe Jaspis und der Mookait bringen die eigenen Bedürfnisse in Einklang und sorgen für eine innere Sammlung und Ausgewogenheit. Sie fördern die Ausdauer und Achtsamkeit ebenso wie Gelassenheit und Tatendrang.

GEDANKEN ZUM TAG

RAUM FÜR GEDANKEN

Raum für Gedanken

RAUM FÜR GEDANKEN

Raum für Gedanken

10. Rauhnacht
2. / 3. JANUAR (steht für Oktober)

SYMBOLIK DES TAGES: SINN DES LEBENS

IMPULS: MEINE ZEIT NUTZEN

Die Rauhnächte bieten dir einen Gesamtblick auf das Werden und Vergehen, vom Entstehen bis zum Loslösen. Ob dein persönlicher Lebensweg, deine Beziehungen oder Projekte... alles ist integriert im Kreislauf des Lebens.

In den vergangenen Tagen sind wir still geworden und konnten Kraft aus familiären Wurzeln ziehen. Wir haben losgelassen und entrümpelt, haben unsere Komfortzone verlassen und uns mehr und mehr an unsere innere Führung, an die innere Quelle, angebunden und der inneren Stimme gelauscht. Wir haben unser großes und kleines soziales Beziehungsgeflecht durchschritten und wissen nun, wo unsere Energie hinfließt und was wir tun können, um sie zu stärken. Du hast eine Entscheidung getroffen... eine Entscheidung für dich.

Du bist nun bestens ausgerüstet, dich ganz gezielt mit dem Sinnhaften deines Lebens zu beschäftigen... der Frage nach dem Sinn DEINES Lebens.

→ Übung zum Finden des eigenen Lebenszieles

Notiere 3 Menschen, die du kennst und bewunderst bzw. verehrst und wofür.

. . . .
. . . .
. . . .

Notiere 3 Menschen, die du nicht persönlich kennst, aber bewunderst bzw. verehrst und wofür.

. . . .
. . . .
. . . .

Der Mix aus diesen Personen ergibt ein Profil mit den Schlüsselqualitäten, welche auf dein Lebensziel und deinen Lebenszweck hinweisen.

Kurz-Ritual zur 10. Rauhnacht:

Denke im Laufe des Tages über Folgendes nach und notiere dir am Abend die Antworten hier in dein Rauhnacht-Tagebuch.

Wenn du am Morgen aufwachen würdest und keine Verpflichtungen hättest...

- Was tust du? Mit wem verbringst du deine Zeit? Wo arbeitest du?
- Welches Gefühl gibt dir dieser Tag?

Was in deinem Leben gibt dir das gleiche Gefühl? Wie kannst du dieses Gefühl in deinem jetzigen Leben erschaffen?

**RÄUCHERWERK
DER 10. RAUHNACHT:**

Copal

Der echte, weiße Coapl wird in den Urkulturen auch als Pom bezeichnet, was soviel wie „Gehirn des Himmels" bedeutet. Der zitronig leichte Duft des Copal-Rauches wirkt reinigend, geistklärend und unterstützt die geistig-spirituelle Arbeit. Wann immer es darum geht, Zugang zur Geistigen Welt zu bekommen, um Antworten zum eigenen Sein zu erhalten, ist der Copal blanco die erste Wahl. Die große Lichtkraft des Copal schützt auch gegen magische Übergriffe und gilt als eine der stärksten Schutzräucherungen.

EDELSTEIN:

Rauchquarz

* Der Förderer *

Die Druiden Schottlands sagen, dass im Rauchquarz die Kraft der Erdgötter stecke. Der Rauchquarz absorbiert negative und dunkle Energien und schafft uns einen geschützten Raum zur persönlichen Entfaltung und Selbstverwirklichung. In seinem Schutz werden Blockaden gelöst und wir können in die Tiefen unserer Seele blicken. Der Rauchquarz unterstützt das spirituelle und geistige Wachstum und öffnet uns die Augen für neue Lebenswege.

RAUM FÜR GEDANKEN

Raum für Gedanken

RAUM FÜR GEDANKEN

Raum für Gedanken

11. Rauhnacht
3. / 4. JANUAR (steht für November)

SYMBOLIK DES TAGES: DU BIST DER SCHÖPFER DEINER ZUKUNFT

IMPULS: ZIELE KONKRETISIEREN

Das neue Jahr nimmt Form an. So dürfen auch deine Visionen für dieses Jahr Form annehmen.

Wir erschaffen uns unsere Welt... Tag für Tag... Jahr für Jahr. Indem du jetzt deinen Fokus auf ein einziges Ziel ausrichtest, setzt du ein Zeichen. Zeichen vor dir selber, Zeichen bei deinen Mitmenschen und Zeichen im Universum. Es geht hier um Klarheit in dir und um den Einklang von Wort und Tat. Definiere dabei dein Reiseziel und deine Reisegefährten.

Nutze diese kraftvolle 11. Rauhnacht! Die Türen zu deinem Unterbewusstsein und deinem wahren Potential sind jetzt weit geöffnet. Sortiere dich, konkretisiere deine Wünsche und gib dem zarten Pflänzchen deiner Vorhaben ein starkes Gerüst... z.B. mit einer Zukunfts-Collage – auch Vision-Board genannt.

Ein Vision-Board verleiht dir das Gefühl für das, was du sein möchtest und erinnert dich im Jahr immer wieder an deine Ziele. Du gestaltest es auf einem großen Blatt Papier oder Zeichenkarton mit einem Foto von dir in der Mitte... und mit Fotos aus Zeitschriften, die deine Wünsche verkörpern... mit Schriftzügen, die deine Botschaften sein könnten... mit persönlichen Notizen.

Kurz-Ritual zur 11. Rauhnacht:

Was ist dein größter Wunsch für dieses Jahr? Stelle dich in der Situation vor, in der sich der Wunsch erfüllt hat.

- *Wie fühlst du dich?*
- *Wer ist an deiner Seite?*
- *Wo bist du?*
- *Welche Kleidung trägst du?*
- *Gibt es eine bestimmten Geruch oder nimmst du Geräusche wahr?*

Erspüre diesen Moment, in dem sich dein Wunsch erfüllt, mit jeder Zelle deines Körpers. Notiere deine Gedanken, Gefühle und Wahrnehmungen hier im Rauhnachts-Tagebuch.

HAUPT-RÄUCHERWERK DER 11. RAUHNACHT:

Dammar

Dammar ist lichtbringend und erhellt Geist & Gemüt. Die Räucherung dieses feinen Harzes fördert die Verbindung mit der feinstofflichen Schwingung höherer Energieebenen und ist eine wertvolle spirituelle Begleitung auf Visionsreisen. Die mentale Öffnung durch Dammar lässt uns in die Zukunft schauen.

EDELSTEIN:

Moos-Achat

* Der Fülle-Magnet *

Der Moosachat lässt uns das eigene Leben bewusster werden und bringt den nötigen Schwung für unsere persönliche Weiterentwicklung. Er stärkt die innere Stärke und das Selbstbewusstsein. Der Moosachat aktiviert den Blick nach Lösungen und stärkt die Manifestationskraft. Er steht symbolisch als Magnet für Fülle und Reichum.

RAUM FÜR GEDANKEN

Raum für Gedanken

RAUM FÜR GEDANKEN

Raum für Gedanken

12. Rauhnacht
4. / 5. JANUAR (steht für Dezember)

SYMBOLIK DES TAGES: INTEGRATION

IMPULS: ZIELE KONKRETISIEREN

Mit der Dämmerung bricht die letzte Rauhnacht an. Sie entspricht dem Dezember des vor uns liegenden Jahres. Die zwölfte Rauhnacht endet dann um Mitternacht auf den 6. Januar, dem Tag der Heiligen Drei Könige. Sie schließt die Schwellenzeit ab. Die Tore zur Anderswelt schließen sich und der Übergang vom alten ins neue Jahr ist dann endgültig vollzogen.

Diese 12. Rauhnacht möchte all deine Erfahrungen in den Rauhnächten zusammenbringen und in dir verankern.

Setze dich mit einem Räucherwerk und einer guten Tasse Tee an ein ruhiges Plätzchen. Beobachte wie der Rauch aufsteigt und danke den Helfern der geistigen Welt und deinen Ahnen für ihre Unterstützung und ihre Geschenke für dich – auch wenn du sie vielleicht (noch) nicht als solche erkannt hast.

Resümiere... was hast du gehen lassen in diesen Tagen? Gibt es etwas, wo kein Loslassen möglich ist? Betrachte mit mildem Blick, was da noch bleiben möchte – auch wenn es unangenehm ist und hülle es wohlwollend in den aufsteigenden Rauch ein. Alles hat seine Zeit... manches braucht noch weitere Erfahrungen, um es abzuschließen zu können.

Welche Erkenntnisse hast du gewonnen? Welche Entscheidungen getroffen? Mach dir den Neuanfang bewusst.

Dann öffne eine Weile lang alle Fenster und Türen. Gib den Geistern der Vergangenheit die Möglichkeit sich endgültig zu verabschieden. Für die Helligkeit in dir, für dein inneres Licht, verbinde dich bewusst mit den lichten Kräften. Lass dich vom Licht durchfluten, speichere es in jeder Faser deines Körpers und strahle es aus! Du hast das Wissen über deine Zukunft in dir und ganz sicher bist du diesem in den letzten 12 Tagen ein ganzes Stück näher gekommen!

Kurz-Ritual zur 12. Rauhnacht:

Wenn du den letzten zwölf Tagen und Nächten ein MOTTO geben würdest –
mit welchen Satz würdest du es zusammenfassen?
Dies ist DEIN Motto für dieses neue Jahr!

RÄUCHERWERK
DER 12. RAUHNACHT:

Eberesche

Die Eberesche ist ein Druidenbaum, der für Wissen und Weisheit steht. Bei der Räucherung von Ebereschen-Beeren oder -Rinde können Zweifel, geistige Blockaden und innere Zerrissenheit gelöst werden. Sie helfen uns in einer Welt von Gegensätzen den eigenen Weg (wieder) zu finden und bringen Stillstand und Stagnation zurück in den Fluss des Lebens.

EDELSTEIN:

Aventurin

* Der Lebensabenteurer *
„Aventura" ist spanisch und heißt übersetzt „Abenteuer". Starte mit dem Aventurin in dein neues Lebensabenteuer. Er verleiht Mut und Optimismus und sorgt für eine entspannte Leichtigkeit im Alltag, ohne dass du deine Ziele aus dem Blick verlierst.
Der Aventurin gilt übrigens auch als Stein der Entspannung und des guten Schlafes. Leg ihn unter dein Kopfkissen und freue dich auf inspirierende Träume.

RAUM FÜR GEDANKEN

Raum für Gedanken

RAUM FÜR GEDANKEN

Raum für Gedanken

Nacht der Wunder

5. / 6. JANUAR (Dreikönigsnacht)

Die Rauhnächte sind zu Ende... ABER in der Nacht vom 5. auf den 6. Januar wird die Perchtnacht gefeiert. Sie wird auch Hollanacht oder Dreikönigsnacht genannt. Diese Nacht vor dem Dreikönigstag zählt nicht mehr zu den Rauhnächten, ist aber nochmals mit einer ganz besonderen Energie gesegnet, sie heißt auch „Nacht der Wunder".

Achte heute nochmal ganz bewusst auf deine Träume... sie fassen das Thema, welches dich durch das ganze Jahr begleiten wird, zusammen.

Und es ist natürlich der Tag des letzten Wunsches deines Wunsch-Rituals.

Begeh diesen Moment feierlich... koche dir einen Tee, entzünde deine Kerzen und vielleicht auch ein Räucherwerk z.B. Weihrauch. Atme tief durch... und entfalte deinen Zettel. Das ist DEINE Aufgabe für dieses Jahr. Das Universum wird dich unterstützen, aber es liegt in deiner Hand, dir diesen Wunsch selbst zu erfüllen.

Tag der Heiligen Drei Könige
6. JANUAR

Heute, zum Tag der Heiligen Drei Könige schließen sich nun die feinstofflichen Tore der Anderswelt. Die Sternsinger ziehen umher und segnen die Häuser, indem sie mit geweihter Kreide C + M + B über die Haustüren schreiben.
Unsere Reise durch die Rauhnächte ist nun vollendet.
Wann immer du im Jahr eine Orientierung brauchst, schaue in deine Aufzeichnungen der letzten Tage. Lies deine Träume, Begegnungen und Erkenntnisse noch einmal und nimm Kontakt zur Qualität der jeweiligen Rauhnacht auf. Deine Niederschriften sind so wertvoll und reich an Hinweisen.
Das Zurhandnehmen deiner Aufzeichnungen kann eine kleine Kurskorrektur für dich bedeuten. Manchmal verliert man im geschäftigen Alltag seine Vorhaben und Wünsche aus den Augen. Die Notizen können dann deinen Blick auf deine ursprünglichen Ziele zurücklenken... manchmal werden dann die Ziele korrigiert... manchmal der Weg.
Das Ende der Reise durch die Rauhnächte ist der Aufbruch in ein neues Jahr... in dem Erblühen wird, was wir in der, uns verwandelnden, Zeit zwischen den Jahren gesät haben. In jeder Herausforderung die uns begegnet, verbirgt sich die Möglichkeit, zu wachsen und zu reifen.
Ich freue mich sehr, dass ich dich durch die geheimnisvolle Zeit der Raunächte begleiten durfte und hoffe, dass ich ein paar Anregungen für dich und deine Entwicklung geben konnte.
Jedes Jahr beginnt die Reise, die aus der Dunkelheit in das Licht führt, wieder aufs Neue... und doch wird sie immer wieder ein neuer Aufbruch, eine aufregende Reise ins Unbekannte sein. Möge die Reise viele schöne und ungeahnte Segnungen für dich bereithalten! Mögest du das Beste erwarten und erhalten!

Deine Annett

Vita

In ihren ersten 34 Lebensjahren deutete nichts auf die nachfolgenden Entwicklungen hin. Annett Hering wurde rational, pragmatisch und dennoch sehr liebevoll von ihren Eltern (Lehrerin & Dipl. Ingenieur) erzogen. Die Rauhnacht-Weisheiten von Opa wurden eher belächelt und gegen die Kräuterkunde von Oma gab es auch ein Mittel. Ihr Weg führte sie in der Hotellerie und nach dem Studium der Betriebswirtschaft zehn Jahre in einen deutsch-schwedischem Großkonzern, wo sie als Controller und Callcenterleiter, die Vor- und Nachteile dieser Strukturen (er)lebte.

Ende der 90er Jahre ergab sich der Kontakt mit Feng Shui und hat sie seitdem nicht mehr losgelassen. Es folgte die zertifizierte Ausbildung bei Großmeister Yap Cheng Hai (Yap Cheng Hai Academy Malaysia). Dieser beeindruckende und humorvolle Mann, hat ihr mehr als nur klassisches Feng Shui beigebrach. Er hat in ihr verankert, dass alles, auch das scheinbar nicht Erklärbare erklärbar ist. So konnte sie ihren rationalen Geist öffnen und das manchmal Unfassbare annehmen.

Das Jahr 2002 war dann die Sollbruchstelle in ihrem Geschäftsleben. Der sichere Angestelltenjob keine Option mehr. Annett Hering kehrte in ihre Heimat zurück und eröffnete in Dresden in der schönen Kunsthofpassage das Feng Shui Haus. Das Konzept: geschmackvolle Geschenkartikel - auch aus der hauseigenen Manufaktur, spirituelle und dennoch bodenständige Sortimente wie Naturkosmetik, Räucherwaren, Edelsteine und Mineralien, Klangschalen und ätherische Öle. Seit nunmehr 20 Jahren

eine erfolgreiche Balance aus Wandel und Kontinuität, wie auch der neue Geschäftsname „Im Fluss der Zeiten" zeigt.

Im Laufe der Jahre erwachte immer mehr ihr Interesse an Ritualen in und mit den Zyklen der Natur. Bei der Schamanin Denise Linn lernte sie das Reinigen von Energien in Räumen (Spaceclearing) und erhielt eine Soul-coaching-Ausbildung. Ihr geschätzter Lehrer und Großmeister Prof. Dr. Jes Lim (Qi-Mag Institute) lehrte sie das Heilen des Landes (Geomantie) und bildete sie zur Senior-TAO-Geomantie-Meister aus.

Mit dem Zuwachs an Wissen und Erfahrung wuchsen die Leidenschaft und das Interesse an ganzheitlichen Themen. Die Magie der Rauhnächte, zu denen sie schon in ihrer Kindheit bei ihren Großeltern Kontakt hatte, faszinierte sie mehr und mehr. In Räucherseminaren lernte sie um die Wirkung und die Zusammenhänge von Räucherstoffen. Seit 2009 beglei- tet sie auf ihrem Blog www.im-fluss-der-zeiten.de Jahr für Jahr ihre Le- ser einfühlsam durch die Rauhnächte.

Annett Hering lebt mit ihrer Familie glücklich am Rande von Dresden auf einem Dreiseitenhof.

Quellennachweis

Herbert Kleist: **Volksglaube und Volksbrauch während der Zwölften im ost-deutschen Landschaftsraum.** *Bamberg 1938*

Denise Linn: **Soul Coaching – 28 Days to Discover Your Authentic Self.** *USA 2003*

Marlis Bader: **Räuchern mit heimischen Kräutern.** *München 2003*

Brigitta de las Heras: **Die Reise durch den Jahreskreis.** *Darmstadt 2005*

Jeanne Ruland: **Das Geheimnis der Rauhnächte.** *Darmstadt 2009*

Christine Fuchs: **Räuchern in Winterzeit und Rauhnächte.** *Stuttgart 2012*

Monika Philipp: **Jahreskreisfeste & Rituale.** *Leipzig 2014*

Vera Griebert-Schröder, Franziska Muri: **Die Rauhnächte als Quelle der Ruhe und Kraft.** *München 2014*

Valentin Kirschgruber: **Von Sonnenwend bis Rauhnacht.** *München 2015*

Annemarie Herzog: **Gelebte Rau(ch)nächte.** *Österreich 2016*

Annemarie Herzog: **Rauhnacht Tagebuch.** *Köln 2017*

Beate Seebauer, Anne-Mareike Schultz: **Magische Rauhnächte.** *Darmstadt 2018*

Rauhnächte Zubehör

Man kann die magische Zeit der Rauhnächte intensiv mit täglichen Räucherungen zelebrieren... oder sich einzelne Rituale aussuchen, die am besten in den eigenen Tagesablauf passen. Jeder entwickelt dabei seine Rauhnächte-Routine. Wir haben verschiedene Sets für die individuellen Bedürfnisse zusammengestellt. Lass dich inspirieren.

Du findest all die Dinge, die dich in deiner Rauhnächte-Challenge unterstützen, in jedem gut sortieren Fachhandelsgeschäft und in unserem Online-Shop: **www.fengsigns.de**

Rauhnächte-Set „Verabschieden & Begrüßen"

€ 24,80

Dieses Set enthält zwei verschiedene
Räuchermischungen und ein Gläschen
Weihrauch. Damit kannst du zielgerichtet
in die verschiedenen Zeitqualitäten der
einzelnen Rauhnächte eintauchen.

Im Set enthalten:

50 ml	Räuchermischung "Das alte Jahr verabschieden"
50 ml	Räuchermischung "Das neue Jahr begrüßen"
1	Gläschen Weihrauch
18	Räucherkohle
200 g	Räuchersand
1	Feder
1	Beschreibung

Kleines Rauhnächte-Set

€ 16,80

Du möchtest es ganz einfach? Neben Räucherkohle, Sand und einer kleiner Räucher-
muschel ist im Set die Rauhnächte-Kom-
plett-Mischung *12 Nächte* aus 12 Zutaten
enthalten - diese ist universal und kann in
der gesamten Rauhnachtszeit geräuchert
werden.

Im Set enthalten:

50 ml	Rauhnächte-Komplett-Räuchermischung
18	Räucherkohle
200 g	Räuchersand
1	Kleine Abalone Muschel
1	Beschreibung

Rauhnächte Räuchermischungen, 50 ml

€ 8,80

Du bekommst die Räuchermischungen
natürlich auch einzeln. Sie sind auf dem
Räuchersieb und auf Räucherkohle
verräucherbar.

- Rauhnächte-Komplett-Räuchermischung
  „12 Tage & 12 Nächte" aus 12 Zutaten

- Rauhnächte Räuchermischung
  „Das alte Jahr verabschieden"

- Rauhnächte Räuchermischung
  „Das neue Jahr begrüßen"

Räucher-Set Energetische Reinigung

€ 22,80

Der Weiße Salbei und das heilige Palo Santo Holz sind ein magisches Duo. Ob eine grundlegende
energetische Reinigung in den Rauhnächten oder mal schnell zwischendurch… mit den beiden
Räucherstoffen befreist du dein Zuhause und dich von alten Schwingungen und schenkst dir
neue Energie.
Der Weiße Salbei kommt aus der Schamanenkultur der Indianer in Nordamerika. Palo Santo ist
das heilige Holz aus Südamerika. Die Abalone-Muschel verkörpert im Set das
Element Wasser und ist nicht nur wunderschön anzuschauen, sie ist auch als Räucherschale
sehr hilfreich. Mit der Feder kannst du den aufsteigenden Rauch im Raum verteilen.
Alles zusammen ist es ein perfekt aufeinander abgestimmtes Set.

Im Set enthalten:

20 g Weißer Salbei

1 Stück Palo Santo Holz

1 Paua Abalone Muschel

1 Feder

1 Anleitung zum Räuchern

Rauhnächte Edelstein-Set

€ 18,80

12 Edelsteine und ein zusätzlicher sehr klarer Bergkristall Trommelstein unterstützen dich in deinen Prozessen der Rauhnächte. Sie sind abgestimmt auf die jeweilige Rauhnacht-Tagesenergie. Du kannst sie in dein Trink-wasser geben, auf deinen Rauhnächte-Altar legen oder einfach den ganzen Tag bei dir tragen. Übers Jahr bringen sie dir die kraft-volle Energie der Rauhnächte in den Alltag. Im Set enthalten ist eine Erklärung zur Anwendung der Rauhnachts-Edelsteine sowie eine Erläuterung zur Reinigung der Kristalle.

Rauhnächte Magie

€ 28,80

Dieses Set verbindet die Kraft der Rauh-nachts-Edelsteine mit dem Zauber des Ritual der 13 Wünsche. Magisch und einfach wundervoll ♡

Im Set enthalten:

1 Rauhnächte Wunsch-Set (S.201)

1 Rauhnächte Edelstein-Set (S.204)

1 Palo Santo Stick

1 Anleitung

Bezugsquellen

Online-Shop: www.fengsigns.de

Bezahlung per PayPal, Klarna, Kreditkarte oder Vorkasse möglich

Ladengeschäft:

Im Fluss der Zeiten - Feng Shui Haus
Görlitzer Straße 21
01099 Dresden

Telefon: **0351 – 810 5498**
E-Mail: **bestellung@fengsigns.de**

Das könnte dir auch gefallen

Die Rauhnächte von Annett Hering

Die Rauhnächte - die zwölf heiligen Tage

Du möchtest tiefer in die einzelnen Rauhnachtsthemen einsteigen? Das Räuchern fasziniert dich und du möchtest mehr zu den Räucherungen in den Rauhnächten und allgemein erfahren? Die Edelsteine der Rauhnächte ziehen dich magisch an? Du wolltest schon immer mal DEINEN Glücksbringer finden? Dann ist dieses Workbook das Richtige für dich! *Ausführlicher... intensiver... tiefgehender!*

ISBN 978-3966985468

Mehr unter www.kampenwand-verlag.de

Dir hat das Buch gefallen?

Ich freue mich sehr, dass du mein Buch bis zu dieser Stelle gelesen hast. Wenn es dir gefallen hat, wäre es toll, wenn du ihm bei dem Online-Shop eine Bewertung gibst, bei dem du bestellt hast. Oder du schreibst bei einem deiner Lieblings-Buchportale eine Rezension.

Es ist nicht nur sehr schön, Meinungen zu meinem Buch zu lesen. Außerdem hilft es mir auch dabei, weitere Bücher zu schreiben und neue Leser zu finden.